Withコロナ時代の
クラスを「つなげる」ネタ

中村健一 監修
小野領一・友田　真 編著

(思わずみんなで)
ふんふふふんふん
ふふふふ ふんっふん
ふふふ～～～～ん ふふん
〈鼻歌ドレミファドン〉

黎明書房

はじめに

私は，コロナ禍で，少々おかしくなってしまっています。

学校以外では，誰とも会うことがありません。ずっと家にいる感じです。何かをしようという気力が全く沸きません。

大人の私が，そうなのです。子どもたちは，もっと不安を抱えていることでしょう。

コロナ禍でも，子どもたちが安心して過ごせる学級にしたい。そんな思いを元に作られたのが本書です。

- ・マスク着用
- ・子ども同士の距離をあける
- ・あまりしゃべらない

を原則にして，ネタを紹介しています。

これらのネタで子どもたちをつなげてください。コロナ禍で子ども同士の距離が遠くなってしまっています。子どもたちをつなげることで，教室に安心感が生まれるはずです。

最後になりますが，私も 50 歳になってしまいました。いつ死んでもおかしくありません。

そこで，編者のノウハウを中村の遺産として，若手に伝えたくなりました。編者を引き受けてくれた小野領一氏，友田真氏に感謝します。参加してくれた若手ライターたちも，ありがとう。私の文章のノウハウを少しでも遺せていると嬉しいです。

監修　中村　健一

もくじ

第１章

コロナ禍でも
友だち同士をつなげるネタ
―学級遊び編―

with コロナ時代の新しい学級遊びを大紹介 !!

コロナ禍で様々な制限があっても子どもたちが笑顔になるネタ！　そして，子どもたち同士をつなげることができるネタを大紹介します！

1

私はだれ？

子どもたちが書いた自己紹介をもとに，教師がスリーヒントクイズを出します。お互いにプライベートな部分を知ることで，仲間意識を高めることができます。

すすめ方

① １人１枚，用紙を配る。子どもたちは，簡単な自己紹介を書く。自己紹介の内容は，特技，好きな食べ物，今ハマっていることなど。項目を設定しておくと，子どもたちは書きやすい。

② 教師は用紙を回収する。そして，子どもたちが書いた自己紹介をもとにスリーヒントクイズを作る。

③ 隙間時間にスリーヒントクイズを出題する。子どもたちは，誰なのかを考え，答える。答えは，相談させクラスで１つに絞らせる。

④ １つ目のヒントで答えが出なければ，２つ目のヒントを出す。２つ目のヒントでも答えが出なければ，３つ目のヒントを出す。

⑤ ３つ目のヒントまでに正解が出れば，子どもたちの勝ち。出なければ，教師の勝ち。３つ目のヒントでも答えが出ない場合は，臨機応変に４つ目のヒントを追加してもいい。

（小野）

2

スパイゲーム

教師は，クラスの中の１人をスパイに任命します。スパイはターゲットに指定された子のよい行動を調査します。他の子どもたちに気づかれないように調査するのがポイントです。「友だちのよさ」に注目させ，子どもたちをつないでいきます。

すすめ方

① 教師が１人の子に,「スパイカード」をコソッと渡す。渡された子が，スパイになる。誰がスパイかは，他の子どもたちには内緒。カードには，誰のよい行動を調査するかが書いてある。

② スパイは，指定された子の行動を一日観察する。観察したよい行動を「スパイカード」に記し，コソッと教師に渡す。

③ 教師は帰りの会で,「スパイカード」の内容を発表する。「今日は，Aさんがスパイされていました。授業中，何度も発表を頑張っていた。給食準備の時に１年生の代わりに牛乳を運んでいた。などの報告が届いています」など。

④ 教師は「スパイは誰だ？　せ～の」と言う。子どもたちは,スパイだと思う子を指す。

⑤ スパイを当てた子が勝ち。誰にも当てられなかったら，スパイが勝ち。

（友田）

3

思い出まぜまぜ五七五

コロナ禍でどこかに出かけることが少なくなっています。もし出かけていたとしても，みんなの前では話しにくいことも。そこで，自分の春休み，夏休みなどの思い出を短い言葉で表し，人の思い出とミックスしてしまいましょう。妙な文章になったり，ぴったりな文章になったりして笑いが起きます。

すすめ方

① クラスの子どもを人数が均等な３つのグループに分ける。そして，全員に小さな紙を１枚ずつ配る。

② 思い出を短い言葉で表し，各グループから出た言葉を使って俳句を作ることを伝える。その際，Ａグループは「始めの５文字」，Ｂグループは「真ん中の７文字」，Ｃグループは「最後の５文字」と担当を決める。

③ 子どもたちは自分が担当する部分の言葉を書く。

④ 教師がグループごとに集めた紙をシャッフルして１枚ずつ取り出す。そして，完成した俳句を読み聞かせる。「おとしだま　おもちを食べて　クリスマス」など，おかしな組み合わせに笑いが起きる。

⑤ 実際にやったことでなくてもＯＫ。その季節に合わせたできごと，やりたかったことなどでもいい。 （梶川）

4

その相場　正しいかな？

友だちから出た意見のちょうど真ん中あたり（相場）は一体どれくらいなのかを考え，答えるゲームです。お互いの価値観を知ることで，仲間意識を高めることができます。

すすめ方

① 子どもたちに，答えを書くためのホワイトボード（もしくは，タブレット端末）を配っておく。

② 教師は，数や量をテーマに，出題する。

例）「早起きとは，朝何時のこと？」

「おこづかいをたくさんもらいました。いくらぐらい？」

「家でたくさん勉強した。何時間ぐらい？」

③ 子どもたちは，自分の答えを記入し，みんなで見せ合う。

④ 答えの中で，一番小さい数（最小値），一番大きい数（最大値）を発表した人が負け。それ以外の人が勝ち。

⑤ ポイント制にして，子どもたちの答えのど真ん中（中央値）や一番意見の多い答え（最頻値）は，ポイント２倍で点数を付けてもよい。　（鈴木）

5

絶対に一致しない絵合わせ

教師が出す３つのお題の絵を子どもたちが紙に描きます。絵を描く場所は紙のどこでも構いません。自分が描いた絵と友だちの描いた絵の種類と場所の両方が一致するかどうかを楽しみます。

すすめ方

① 子どもたち一人一人に紙と鉛筆を用意する。子どもたちは隣の席同士でペアになる。

② 教師は子どもたちに３つのお題を伝える。例えば「ウサギ」「リンゴ」「10円玉」など。簡単な絵がいい。

③ 子どもたちは，３つのお題の絵を配られた紙に描く。３つの絵はどこに描いてもよい。この時，ペアの友だちの描いた絵は絶対に見ないように伝える。

④　全員が描けたことを確認したら，教師の「せーの」の合図で，ペアの２人は自分が絵を描いた紙を相手に見せる。

⑤　ペアの２人の描いた絵の種類と場所が１つ一致していたら１ポイント，２つ一致していたら２ポイント。例えば，紙の右下に２人とも「リンゴ」が描いてあると，そのペアは１ポイントゲットとなる。それに加え，左上に「ウサギ」も描かれていたら，さらに１ポイントゲットとなる。一番多くポイントをゲットしたペアが優勝。

⑥　番外編として，教師の描いた絵と１ヵ所でも一致していればアウトというルールを追加しても面白い。　（廣瀬）

6

ミラクル10（テン）

片手だけでできるサイレント計算ゲーム。計算の得意不得意に関係なく，グループでできるので安心して楽しむことができます。

すすめ方

① 4人グループを作る。

② 教師が「せ～の！　ミラクル10（テン）！」と言ったら，グループ全員が片手で「0～5」までのいずれかの数の指を出す。

③ 全員の指の合計が「10」になったら「ミラクル！」となってクリア。

④ 5回戦行い，たくさん「ミラクル！」を起こしたグループの勝利。

⑤ 「ミラクルレベル」を設定し，グループごとの勝敗を決めても面白い。

（溝田）

例）

4人の出した指 → ミラクルの種類	レベル	ポイント
「1・2・3・4」→「ミラクルストレート」	1	1
「1・1・3・5」→「奇数ワンペア」	2	2
「2・2・2・4」→「偶数スリーカード」	3	3
「5・0・5・0」→「ゴーゴーミラクル」	4	4

7

ダウト！　マイブーム！

自分たちの今ハマっている「マイブーム」をクイズにすることで，友だちとの心の距離を一気に縮めることができるゲームです。出題する３つの「マイブーム」の中に１つだけダウト（嘘）を混ぜることで，友だちのことに全集中させ，関心を持たせるねらいもあります。

すすめ方

①　教師がお手本クイズを出し，イメージを持たせる。「私のマイブームは，❶○○，❷△△，❸□□です。この中に１つダウトがあります。❶と思う人？　❷と思う人？　❸と思う人？　正解は……です。」

②　ワークシートを配り，「マイブーム」を３つ書かせる。その１つにダウトの「マイブーム」を混ぜ，×を付けさせる。

③　ワークシートが完成したら教師に提出させ，クイズが成立するか確認する。全員分のクイズが揃ったらゲームを始める。

④　クイズを出題する時は，出題者本人に教室の前に来させて読ませるか，教師が代わりに読む。

⑤　クイズの出題が終わってから，「１つ目がダウトだと思う人？」と３つ目まで順番に全員に聞く。ダウトだと思うところで子どもたちに黙って挙手させる。正解者には拍手を贈る。

（溝田）

8

ラッシュ！　ホメホメ波！

友だちのよいところを箇条書きで書いていきます。どちらがたくさん書けるか？　勝負です。勝負に勝つことも嬉しいですが，負けてなお嬉しくなります。

すすめ方

①　子どもたちは，隣の座席の友だちのよいところをノートに書く。制限時間は，1分。低学年なら2～3分ぐらい。

②　時間が来たらお互いのノートを交換して読む（前を向いて）。たくさん書いていた人が勝ち。

③　お互い読み終えたら，ありがとうの気持ちを込めて，一礼。

④　友だちのよいところをたくさん見つけた子どもの文面を，教師がみんなの前で紹介。ほめる視点を学ばせる。

⑤　お題を決めて，そのことについてのよいところをたくさん見つけるゲームにしてもよい。

例）クラスのよいところ，学校のよいところ，
給食のよいところ，遊びのよいところ，
挨拶のよいところ，季節のよいところ，
お金のよいところ，コンビニのよいところ，など。

（溝田）

9

離れていても心は一つ

コロナ禍で，お互いの距離は取らないといけません。それでも，心は少しでも近づいてほしいもの。お題をもとに，仲間の思いを考えて答えをそろえようとすることで，グループやクラスに一体感が生まれます。

すすめ方

① 4～5人のグループを作る。

② 教師がお題を出す。

例）「おでんの具の定番と言えば？」
「広島県の有名な場所と言えば？」

③ 子どもたちは，グループのみんなが書きそうな答えを無言で必死に考える。

④ 一人一人が隣の人に見えないようにして，ノート（ホワイトボードやタブレット端末でも可）に答えを大きく書く。

⑤ 教師が「心は」と言ったら，子どもたちは「一つ！」と言いながら，グループで答えを見せ合う。答えがそろった時には子どもたちに笑顔があふれる。それぞれのグループに，答えがそろった人数分のポイントが入る。

⑥ 問題を何問か出し，ポイントが一番多かったグループの勝ち。

（蔦）

10

ポーズの一致チャレンジ

お題からイメージするポーズを，グループのメンバーと一致させることができるかどうかを楽しむゲームです。一致したら大きな拍手！　一致しなくても，それぞれのポーズの違いにツッコミや笑いが起こって盛り上がり，楽しむことができます。

すすめ方

① 4人グループを作り，1グループずつ前に出てきてもらう。

② お題を提示する。お題は「野球」など，様々なポーズが簡単にイメージできるものがよい。

③ 5秒間，ポーズのシンキングタイムをとる。

④ 教師の3秒のカウントダウンの後，グループのメンバーが一斉にポーズをとる。

⑤ お題が「野球」の場合，全員が「ボールを投げるポーズ」をとったり，「バットでボールを打つポーズ」をとったりして，ポーズが一致したら大きな拍手！　一致しなくても，それぞれのイメージの違いに笑いやツッコミが起こり，楽しめる。　（川上）

11

ジェスチャーで伝えろ！

出されたお題が何なのかがわかるように，ジェスチャーだけで解答者に伝えるゲームです。子どもたちは，お題が伝わった時の達成感を大きく感じられます。

すすめ方

① 「料理」や「野球」などのお題が書かれたカードを何枚か教卓に伏せて置く。

② 4人グループを作り，1グループだけ前に出てきてもらう。3人がジェスチャーを行い，1人が解答者となる。

③ 解答者がお題のカードを1枚引き，おでこの前に掲げる。

④ 残りの3人が1人10秒の持ち時間で，お題が何なのかが解答者に伝わるようにジェスチャーを行う。

⑤ 解答者に伝わったら成功！　クラスみんなで拍手をする。

（川上）

12

誰ともかぶらない数字で高得点をねらえ！

誰ともかぶらない数字を選んで，高得点をねらいましょう！最初から高得点をねらって大きな数字に賭(か)けるか，小さな数字で手堅くいくか，戦略が大切なゲームです。

すすめ方

① 子どもたちは，1～20の数字から1つ選んでノートに書く。

② 子どもたちは全員起立する。席順に1人ずつ選んだ数字を言って座る。言った数字と同じ数字を選んでいた人も，座る。

③ 誰とも数字がかぶっていなければ，選んだ数字が自分の得点となり加算される。得点は，子ども自身でノートに記録させる。

④ 3回繰り返し，合計得点が一番多かった人が勝ち。

⑤ 次のようなアレンジをすると，さらに盛り上がる。子どもたちが自分の選んだ数を書いている時に，教師も「ラッキー賞」の数字を1つ選び紙に書いておく。ゲームが1回終わるたびに「ラッキー賞」を発表する。選んだ数字とラッキー賞の数字が一緒だった人は，誰かとかぶっていてもその得点を加算できる。

（川上）

13

名前付けゲーム

生き物には名前が必要です。先生が生み出した謎の生物にも名前を付けてあげましょう。みんなが考えた名前を読み上げると，クラスが笑いに包まれます。

すすめ方

① 黒板に教師が変な生き物の絵を描く。例えば「宇宙人のような生物」「いろいろな動物が混ざった生物」「家電に顔がついた生物」など。

② 子どもにその生物の名前を考えさせて，配った小さな白紙に書かせる。人の名前をいじったり，誰かを傷つけたりするような言葉を使わないように，あらかじめ注意点を伝えておく。

③ 紙を回収し，名前を読み上げていく。ユニークな名前に笑いが起きる。

④ 子どもたちにどの名前がよかったか聞く。多数決で，その生物の名前を決定する。

⑤ 生物の絵と名前は，写真を撮って貼り出しておくこともできる。

⑥ 次は子どもが考えた変な生き物の名前をみんなで考える。黒板に変な生き物の絵を描きたい人を募集するといい。

（吉田賢）

14

ライアーゲーム

出題者の子どもたちの中から嘘をついている子を当てるゲームです。ヒントは，表情や発言，仕草しかないので，友だちの出題を集中して見る力を高めることができます。

すすめ方

① 4～6人グループを作り，各グループから1人ずつ出題者を選ぶ。

② 出題者は前に出てきて，くじを引く。くじの内一つは，「ライアー（嘘つき）」にしておく。他のくじは白紙。

③ 出題者にくじを開かせた後，「私は，ライアーではありません」と，ジェスチャーしながら，一人ずつ発表させる。

④ 解答者の子どもたちは，グループごとに出題者の中でライアーだと思う子を1人決める。そして，ホワイトボードにその子どもの名前を書く。

⑤ みんなで言う「せーの」の掛け声に合わせて，一斉にホワイトボードをみんなに見せる。ライアーを当てたら1点獲得。

⑥ 出題者を交代し，何回か繰り返して，獲得ポイントが一番多いグループの勝ちとなる。（鈴木）

15

討ち取られるな！　戦国ゲーム

運が試されるゲームです。誰の戦力が多く残るかを競います。雨の日に子どもたちだけでやることができます。

すすめ方

4	23	(へ)	12	16
15	13	(ぶ)	25	5
(へ)	17	(と)	18	(へ)
22	3	(ぶ)	6	24
8	19	(へ)	2	11

①　子どもたちに，5×5の25マスの用紙を配る。マスには1～25の数字を，好きなように事前に書いておく。

②　25マス全てを自由に使い，兵隊4マス，武将2マス，殿様1マスの配置場所を決め，兵隊は(へ)，武将を(ぶ)，殿様を(と)として，数字の上から重ねて書き込む。

③　教師は8つの数字を決め，1つずつランダムに発表する。

④　子どもたちは，発表された数字に赤色で×印をつける。

⑤　×印のマスに兵隊，武将が配置されていると討ち取られたことに。全員討ち取られる（全滅）か殿様が討ち取られた時点で敗北。最後まで味方が全員無傷で残っていたなら2点。討ち取られた者が1人でもいるなら1点。全滅，もしくは敗北の場合は0点。

⑥　何回か行い，合計得点の多い人が勝ち。最後に影武者（復活の数字）を発表して，点数に加えるのもよい。3×3の9マス（5つの数字を発表）にすると難易度が下がる。（鈴木）

16

天国か地獄か

子どもたちがクイズに答えます。答えが教師の設定した『天国解答』か『地獄解答』かで点数が変わってきます。合計点を最後に計算することで，楽しく計算力をアップさせることができます。

すすめ方

① 子どもたちにホワイトボードかタブレット端末を配る。

② 教師は，お題を出す。同時に，『天国解答』と『地獄解答』（以下，天国と地獄とする）を決めておく。

例）「ケーキと言えば？」

天国「ショートケーキ」

地獄「モンブラン」

③ 子どもたちにお題の答えを書かせて発表させる。

④ 『地獄』を発表する。その後，『天国』を発表する。天国は２点。地獄は０点。その他は１点とする。何回かゲームをして，合計点を計算させる。一番多く点数をゲットした人が勝ち。

⑤ 子どもたちの学習進度に合わせて，地獄を－２点にしたり，天国は×２点にしたりと様々にアレンジできる。 （鈴木）

17

君の考えたキャラ募集！

「学級オリジナルキャラクター」を募集します。学級の目標やルールなどをキャラクター化することで，連帯感を深め，目標などをより意識することができます。

すすめ方

① 学級目標や，みんなで頑張りたいことなどを話し合う。

② 例えば「時間を守る」を学級で意識して取り組む場合。「時間を守るために存在するキャラはどんなキャラだろう」と投げかける。

③ 個人で時間を守るためのキャラを考え，イラストにする。

④ 考えたキャラを発表し，多数決などでキャラを決める。

⑤ みんなで名前を考える。

例）ピッタリマン（時間をぴったり守るキャラ）
ザ・チャクセキ（時間にはきちんと着席しているキャラ）

⑥ みんなで特徴や必殺技も考える。

例）ピッタリマンの特徴…全てにおいて５分前に行動する
ザ・チャクセキの必殺技…チャクセキビーム（浴びた人は着席する）

⑦ 最後にあらためて紹介する中で，頑張るポイントを確認する。

（松森）

18

巨大すごろく

子どもたちが模造紙に描いたすごろくを使い，3～4人程度でゲームをします。止まったところに書いてあるお題（テーマ）を友だちに発表することで，共通点や相違点がわかり，友だち理解につながります。

すすめ方

① 3～4人グループを作る。各グループに1枚の模造紙（A3コピー用紙でも可）を準備し，子どもたちにすごろくのルート（道）とマス目（30～50ぐらい）を描かせる。

② 教師が用意したお題を記入させる。例えば，「好きな○○（色，食べ物，芸能人など）」や「苦手な□□（教科，野菜，動物など）」「△休み（夏休み，GWなど）の思い出」「趣味」「100万円あったらどうする？」などをマス目に記入させる。定番の「○つ進む・もどる」「□回休み」も入れさせる。空いたところは，子どもたちに自由に書かせてもよい。

③ 並べた机の上や教室の床を使い，グループでゲームを行う。

④ さいころを振り，止まったところのお題（テーマ）についてグループの友だちに伝える。友だちの発表にうなずきながら，「うんうん」「へー」などの反応をしながら聞く。最後に，発表した友だちに拍手を贈る。

（中村栄）

19

合わせて5！

静かに，立ち歩きしなくてもできるゲームです。教師と子どもをつなぐことができ，また，足し算を楽しく復習することもできます。

すすめ方

① 全員起立する。

② 教師が「合わせて5！」と言う。

③ 掛け声の「5」で，教師と子どもが指を0～5本出す。

④ 見事，教師の出した指の数と子どもの出した指の数とが合わせて5になればクリア！ 5より大きい，または小さい場合は座る。

⑤ 3回ほど繰り返して生き残れば勝ち。

⑥ 子どもの実態に合わせて，5を他の数字にしたり，ゲーム終了までの回数を増やしたりするといい。（宮川）

20

もしもしトンパチ♪

ペアで見合いっこしながら「もしもしカメよ～♪ 」の音楽に合わせて動きます。自分の肩をトントンたたいて最後にパチンと拍手するゲームです。徐々に音楽のスピードを上げ，互いに間違えずにできたペアの勝利です。

すすめ方

① 教師が歌いながら実演する。

(『うさぎとかめ』石原和三郎作詞)

「もしもしカメよ　カメさんよ～♪」(左肩８回トントン)

「世界のうちでお前ほど～♪」(右肩８回トントン)

「歩みののろい♪」(左肩４回トントン)

「ものはない～♪」(右肩４回トントン)

「どうして♪」(左肩２回トントン)

「そんなに♪」(右肩２回トントン)

「のろ♪」(左肩１回トン)

「いの♪」(右肩１回トン)

「か♪」(両手で拍手１回パチン)

② ①をみんなである程度練習したら，教師の歌に合わせてペアで見合いっこして行う。徐々に歌うスピードを上げていく。

③ 違う歌で応用したり，肩たたきを違う部位に変えても面白い。

(溝田)

21 GIGAスクール予想

あるお題に関して，自分が「多数派」なのか「少数派」なのかを交流し合うゲームは盛り上がります。1人1台のタブレット端末も活用し，最後までドキドキしながら結果発表を待ちます。このゲームを通して，友だちの考えを知ることができます。

すすめ方

①　教師は「夏と言えば？」など，お題を出す。

②　「海」「キャンプ」「旅行」「花火」など，4択の選択問題とする。

③　子どもたちは，自分のタブレット端末から，回答を送信する。

④　教師は「集計」のボタンを押し，アンケート結果をテレビに映す。

⑤　一番多かった選択肢を選んでいた人が，勝ち残り。

⑥　3回戦まで行い，最後まで残っていた人が勝ち。勝った人には拍手を贈る。

（難波）

22

おなまえへんこう

自分の名前のひらがなを入れ替えて新しい名前を考えます。何種類かの変名も考えることができ，字画で姓名判断もできます。クイズにも応用できます。

すすめ方

① 自分の名前のひらがなを確認する。ちなみに筆者は８文字で「まつうらひろたか」。

② カード１枚に１文字書く。「まつうらひろたか」であれば，カード８枚に「ま」〜「か」まで１文字ずつ書いていく。

③ カードを入れ替えて新しい名前を考える。ちなみに私の変名は「かつらひまたろう」。また，漢字も考えてみる。筆者の変名漢字は「桂暇太朗」。

④ 子どもたちに様々な方法で変名してみようと伝える。

⑤ 変名で姓名判断をしたり，元の名前を内緒にしておいてクイズにしたりする。黙って黒板に書いたり，画用紙に書いて前に出てきたりと様々な方法で発表もできる。ただし実態に応じて配慮が必要な場合もあるので気をつける。世界に一つしかない楽しく覚えやすい名前を考えたい。　（松浦）

23

ボールカーリング

自分のグループのボールが相手のグループのボールよりもカラーボールに近づくように投げていくゲームです。グループ全員の戦略と協力が勝敗の鍵になります。

すすめ方

① カラー広告紙などを丸めたカラーボール1つと印刷室にある白黒印刷の裏紙で８個のボールを作る（４枚は印刷面を表に，４枚は裏の白面を表にして丸める)。

② 学級全員を４人ずつのグループに分けて，机を後ろに下げる。

③ 対戦する２グループのそれぞれの代表がじゃんけんをして，勝った方の代表がカラーボールを投げる。

④ カラーボールを投げたグループ（A：白ボール）とは別のグループ（B：黒ボール）から，B，Aの順で１人ずつ交互に，黒，白ボールがカラーボールの近くに行くように投げる。

⑤ ４人投げ終わった時点でカラーボールに一番近い場所にボールがあった方のグループの勝ち。相手のボールに自チームのボールを当てて遠くに離してもOK。

⑥ 時間があればトーナメント戦やリーグ戦を行うと面白い。

（川上）

24

ウェーブタイムトライアル

クラスで円になり，お題となる動きを１つ決め，１番に動き出す子どもを決めます。教師の合図で一人一人順番にお題となった動きをし，最後の子どもが動き終わるまでのタイムを計ります。

すすめ方

① 広い教室や体育館に行き，クラス全員で距離を開けて円になって座る。

② 全員が行う動き（お題）を教師が１つ決める。例えば，２回手拍子や，野球のバッターの構え，「アイーン」のポーズなど。幅広い動きの中からお題を選ぶ。

③ 「よーい，スタート！」の合図で，１人目の子どもから順番にお題の動きを自分流でしていく。教師はストップウォッチなどで，最後の子どもがお題の動きを終えるまでの時間を計る。

④ 目標タイムを事前に決めておけば，達成に向けて全員で楽しみながら協力することができる。

⑤ 「『アイーン』のポーズの日本記録は，８秒やで」などと言うと，子どもたちのやる気に火がつく。（廣瀬）

25 おせっかいシールゲーム

子どもたちは，背中に貼られたシールの色を知りません。しゃべらないで，同じ色同士の仲間で集まるゲームです。友だちの色をどう伝えるか，ここがつながるポイントです。

すすめ方

① 教師は，ルール（自分の色を見てはいけない。しゃべってはいけない）を確認する。

② 子どもたちは机に伏せる。教師が子どもの背中にシール（直径 1㎝以上，5 色程度）を貼る。シールは，背中の真ん中に目立つように貼る。

③ 子どもたちは，教師の「貼れました」の合図で顔を上げる。

④ 教師の「スタート」の指示で，ゲームを始める。子どもたちは声を出さずに同じ色の仲間を見つけていく。

⑤ 教師は，タイムを計りながら，ジェスチャーがよかった人や周囲へのさりげないおせっかいがよかった人などを観察しておく。

⑥ 子どもたち全員が，同じ色の仲間で集まって座ることができたらタイムを確認する。

⑦ 教師はタイムを発表して，ジェスチャーがよかった人や周囲へのさりげないおせっかいがよかった人などを取り上げて動きをほめる。

（松浦）

コラム　ミニネタは学級の危機を救う特効薬

子どもたちがこわい。

私の心の片隅にじめっとしたうす暗いこんな感情がすみついています。これは，今まで何度か想像を絶するような学級崩壊を目の当たりにしたことがあるからです。その学級の雰囲気はとても暗いものでした。私自身も若手の時，学級が崩れかけましたが，その時も学級の状況はどんよりと重苦しいものになっていきました。

正直に言うと，学級が崩壊してしまうとほぼ打つ手はなくなってしまいます。でも，崩れかけた学級を持ち直させることはできます。では，どうすればよいのでしょうか。

そのキーワードは『笑顔』です。学級で教師と子どもたちの『笑顔』を増やすことで学級の雰囲気は劇的によくなります。そのために有効なツールがミニネタです。

私自身も学級が苦しくなった時にはずいぶんミニネタに救われました。ミニネタをたくさん実践したことで，学級に少しずつ笑顔が増え，学級の危機を脱することができたのです。ミニネタは学級の危機を救う特効薬としても使えるのです。

コロナ禍で，新しい生活様式が求められており，今までのミニネタが使いにくくなってしまっています。だからこそ，今までのミニネタに加え，コロナ禍でも使えるミニネタをたくさんストックしておくことが非常に大切だと考えています。（小野）

第２章

コロナ禍でも友だち同士をつなげるネタ
―授業編―

子どもたちが学校で過ごす時間の約７割は，授業時間です。ほんの少し授業を工夫することで，子どもたちが「笑顔」になり，「つながり」を強めていくことができます。明日からの授業で簡単に実施できる授業ネタを，ご紹介します。

1

グループ対抗サイレントリレーしりとり

しゃべらないで紙に書いて行うグループ対抗のしりとりです。ルールは，いたってシンプル。制限時間内にどのグループがたくさんしりとりをつなげられたかで勝敗を決めます。

すすめ方

① 同じ人数になるようにグループ分けをする。1つのグループが4～6人程度。

② 各グループに少し大きめの紙（B4かA3）を1枚配る。筆記用具は各自で用意させる。その後，ルールを確認する（特に長音「ー」，促音「っ」，拗音（ようおん）「きゃ」「きゅ」「きょ」などのカウントの仕方と，最後の文字が長音や拗音の時の言葉のつなげ方をきちんと確認しておく）。

③ 各グループでしりとりをする順番を決めさせる。

④ 教師は，お題となる1文字を発表する。

例）「今日は『き』から始まる言葉からスタートです。」

⑤ 教師の「用意，スタート!!」の合図で1番の子どもから順番にしりとりを考え，紙に書いていく。制限時間1分以内に一番多くしりとりができたグループの勝ち。

⑥ しりとりが成り立っているかを確認するために，タイムアップしたら，最後の子どもにしりとりを読み上げさせる。

（小野）

2

ダンス時計対決

曲が流れていない状態で，自らの体内時計を信じ，どれだけ正確に踊ることができるかを競うゲームです。答え合わせの際，時間ぴったりな子がいたり，踊りが早すぎる子や遅すぎる子がいたりと，クラスに笑いが生まれます。

すすめ方

① 子どもたちが簡単に踊ることができる，曲の音源を用意する（「とんとんとんとん　ひげじいさん」などの手遊び曲が始めやすい。流行している曲などが踊れる場合は，活用可能）。

② 教師は曲に合わせて，子どもたちと振り付けを確認する。

③ 教師は子どもたちに「もし，曲が途中から聞こえなくなっても，同じリズムで踊り続けることができる？」と問いかける。

④ 教師は動画を撮影する。曲は最初のフレーズだけを流し，踊り始めた後，子どもたちには聞こえないようにする。

⑤ 子どもたちは，体内時計を信じ，踊る。

⑥ テレビに「撮影した動画」を映す。その際，曲を最初から最後まで聞こえるように再生し，動画と見比べる。

⑦ 曲から一番ズレないで，踊ることができていた人が優勝。優勝者に，全員で拍手を贈る。

（難波）

3

キーワードクイズ

出題者３人が，学習用語から連想するキーワードを１つずつ黒板に書きます。回答者は，そのキーワードから，学習用語は何か？　考えて答えます。全ての教科，活動で応用可能です。

すすめ方

①　解答用紙を配る。

②　教師は３人の出題者を選ぶ。そして，答えとなる学習用語を伝える。例えば，社会科の「フランシスコ＝ザビエル」。

③　３人に「フランシスコ＝ザビエルから連想されるキーワードを，こっそりと１つ考えよう」と言う。

④　教師は「おしゃべり禁止！　３人が黒板に書くキーワードから連想する人物は？　わかったら紙に大きく書きましょう！」と言う。

⑤　黒板に３人が，それぞれキーワードを書く。
例）「外国人」「キリスト教」「黒い服」など。

⑥　１人でのシンキングタイム後，答えを紙に大きく書く。

⑦　「せーの，どん!!」の合図で一人一人が紙を頭上に掲げる。

⑧　正解の確認をする。キーワードを再度確認し，知識の定着を図る。

（松森）

4

漢字イラスト選手権

漢字ドリルを使っての学習は，漢字の書きや読みの練習ばかりと思われがち。しかし，覚えたい漢字や熟語を使った文章のイラストを描くことで，楽しみながら習得することができます。

すすめ方

① 教師は「漢字ドリルの9，①から⑩のページを開きましょう」など，範囲を指定する（新出漢字，熟語，新出漢字を使った文章の練習，どのページでも可）。

② 教師は，「①から⑩の文章からイメージされるイラストを簡単でいいので，文章の下に描いていきましょう」など指示する。描く場所はドリルの隙間でもよい。また，鉛筆だけで描ける簡単なものでよい。1つの漢字に，10秒ぐらいが丁度よいペース。

③ 子どもたちは，どんどんイラストを描いていく。

④ 子どもたちは，友だちと見せ合い，「これは面白い！」「それはないやろ！」というものを選ぶ。

⑤ インパクトのあるものやウケたものなどを，大きめの紙に描き，掲示して称える。これで，より習得率が上がる。

（松森）

5

50 音表から言葉探し

50 音表を多面的・多角的に見つめ直すことで，語彙力を高め，子どもたち同士をつなげるゲームです。

さ	か	あ
し	き	い
す	く	う

すすめ方

① 教師は 50 音表から,「今日の 9 マス」を指定する。

② 子どもたちは，ノートに右表のように書く。

③ 教師は，ルールを説明する。右から左（あか），左から右（さか），上から下（あい），下から上（すし），斜め（あき）など，文字が続いていればどういう見方でもOK。また,「あきす」など 3 文字も可。1 文字は不可。

④ 子どもたちは，教師の「1 分チャレンジ。よ〜い，スタート」の指示で，見つけた言葉をノートに書く。

⑤ 子どもたちは，教師の「そこまで」の指示で，鉛筆を机に置く。その後，自分が書いた言葉の数を数える。

⑥ 子どもたちは，全員起立する。教師は,「1 個の人，座ります」のように数を確認する。子どもたちは，自分が書いた数を教師に言われたら，座る。最後まで残った子に拍手を贈る。

⑦ 教師は,「ラッキー賞は，○○くんが書いている『すき』です」と発表する。数だけではなく，子どもたちをつなぐ工夫もする。

（友田）

6

なおして　ひらがなパズル

ひらがなをバラバラに並び替えて，提示します。並び替え前の言葉を考えることで，語彙力アップにつながります。

すすめ方

① 教師は，言葉をバラバラにしたものを紙（A3）に書いておく。

例）問題「ごりん」→答え「りんご」

問題「はちにこん」→答え「こんにちは」

問題「すまいがありござとう」

→答え「ありがとうございます」

② クラス内を2チームに分けておく。AチームとBチームの対抗戦で行う。

③ 教師は，焦（じ）らしながら紙を提示する。最初に挙手した子に解答権がある。誤答の場合は，解答権が相手チームに移る。

④ 正解が多かったチームの勝利。みんなで拍手を贈る。

⑤ ひらがなだけではなく，カタカナ，熟語，アルファベットにアレンジしても面白い。

⑥ 慣れてきたら，子どもたちに問題を作らせる。身近な言葉を並び替えて出題させることで，さらなる語彙力アップにもつながる。

（鈴木）

7

百科事典

課題に当てはまる単語を他のグループとかぶらないように考えるゲームです。大きな声で相談することもなく，楽しみながら語彙力のアップにつながります。

すすめ方

① 4人グループを作る。3マス×3マスの表を書いた紙をグループに1枚配る。

② 教師が項目と言葉の頭文字を指定する。子どもたちは表の縦列に項目，横列に言葉の頭文字を書き入れる（右表）。

	た	ち
食べ物	たいやき	
動物		

③ 子どもたちは，表に思いつく言葉を書く。
例）「た」から始まる食べ物→たいやき

④ 各グループの代表を起立させる。代表が，グループで考えたものを順番に発表していく。その際に，書いた言葉が発表したグループとかぶっていたら，「私たちも，たいやき」と言い，座る。

⑤ どのグループともかぶらない言葉は3点。1グループだけかぶったら1点。2グループ以上がかぶったら0点とする。

⑥ 同様に他の項目（食べ物「ち」，動物「た」「ち」）も行う。

⑦ 代表が順番に自己採点の結果を発表する。合計点が一番多いグループが優勝。拍手を贈る。（吉田拓）

8

鼻歌ドレミファドン！

鼻歌でのイントロクイズです。準備もいらず，隙間時間にも，すぐにできます。鼻歌なので，歌が上手くなくても大丈夫です。鼻歌なので，飛沫なしで楽しめます！

すすめ方

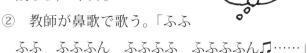

① 「鼻歌ドレミファドン！（鼻歌イントロクイズ！）」と何も言わずに黒板に書く（普段なら，叫ぶ）。
② 教師が鼻歌で歌う。「ふふふふ　ふふふん　ふふふふ　ふふふふん♫……」
③ 子どもは，紙に予想した曲の題名を書く。教師は子どもたち全員が書けるまで，ひたすら鼻歌を歌い続ける。
④ 「せーの，どん！」で子どもたちは，答えを書いた紙を頭上に出す。
⑤ 教師が黒板に題名を書いて正解発表する。
⑥ ひたすら②〜⑤を繰り返す。
⑦ 音楽で学習した曲を使うと，復習になる。教師の代わりに，子どもがしてもよい。教師は，わからないようにわざと下手に歌うと盛り上がる。

（松森）

9

サイレント算数バトル

グループ対抗でしゃべらずにリレー形式で数字の足し算をするゲームです。このゲームは友だち同士の横のつながりをもたせることができます。さらに，計算が苦手な子どもも楽しく算数の問題に取り組むことができます。

すすめ方

① 7人グループを作る。教師は，黒板に1から10までの数字をランダムに書く。この際，挑戦するグループの子どもたちは顔を伏せさせ，数字が見えないようにしておく。数字は参加人数プラス1個書く（参加人数が7人であれば，数字は8個書く）。

例）参加人数が7人の場合

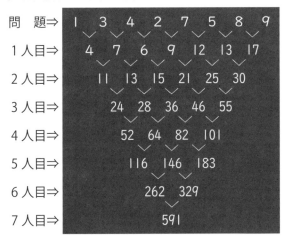

問　題⇒ 1　3　4　2　7　5　8　9
1人目⇒ 4　7　6　9　12　13　17
2人目⇒ 11　13　15　21　25　30
3人目⇒ 24　28　36　46　55
4人目⇒ 52　64　82　101
5人目⇒ 116　146　183
6人目⇒ 262　329
7人目⇒ 591

② 7人でゲームをする場合，黒板に，例えば「1・3・4・2・7・5・8・9」と数字を書く。1人目の子どもは1と3を足して，その下に4と書く。残りの数字も同じように計算していくと，2段目は「4・7・6・9・12・13・17」となる（前ページ例参照）。計算し終わったら，次の子どもと交代。

③ グループごとに挑戦して，タイムを競う。タイムが速い順に，1位3点，2位2点，3位1点を獲得。また，正解した場合の追加点（2点）との合計点数で勝敗を決める。

④ でたらめに答えを書いてタイムを縮めることもできるので不正があった場合，失格にすることを事前に子どもたちに伝えておく。

（小野）

10

この曲なあに？

子どもたちがよく知っている曲から，キーワードを選びます。そして，キーワードをもとにして，何の曲なのかを子どもたちに考えさせます。コロナ禍で合唱ができない状況下であっても，楽しみながらたくさんの曲に親しむことができます。

すすめ方

① 教師は，事前に出題する曲の歌詞から５個のキーワードを選んでおく。

例）１つ目「山」

２つ目「川」

３つ目「うさぎ」

４つ目「夢」

５つ目「小鮒（こぶな）」 → 答え「ふるさと」（文部省唱歌）

② キーワードは，１つずつパワーポイントで提示する。子どもたちは，わかった時点で，ノートに解答を書く。

③ 全てのキーワードを提示したら，子どもに答えを言わせる。

④ １つ目のキーワードでわかったら５点，２つ目なら４点，３つ目なら３点……と自己採点をさせる。

⑤ 何回か行い，たくさん点数を取れた人の勝ち。 （鈴木）

11

マスクに注目！

子どもたちに伝えたいことを教師のマスクに書いておきます。教師は，ジェスチャーで話を進めていきます。子どもたちは教師の話に集中します。インパクト大です。

すすめ方

① 子どもたちに伝えたい，指導したい内容のキーワードを不織布マスクにマジックで書く（布マスクの場合は，紙に書いて貼っておいてもよい）。伝えたいことがたくさんある場合は，キーワードを書いた（貼った）マスクを複数重ねてつけておく。

例）時間を守ることを指導したい場合，「時間」と書いたマスクと「守る」と書いたマスクを重ねておく。

② 教師は，そのまま無言で教室に入る。すぐにマスクに気づく子もいて，ざわつくが，ここでは無視しておく。

③ 教師は，ジェスチャーで子どもたちを着席させ，静かにさせる。ほめるのも，ジャスチャーで行う。

④ 教師はジェスチャーで，マスクに書いてあるキーワードをもとに，必要なことを伝える。

⑤ 複雑なことや初めてのことを伝えるのには，不向き。子どもたちが経験していて，予想し考えて行動できる内容がよい。

（松森）

12

グループ対抗「都道府県クイズ」

制限時間内に，ペア（グループ）で条件に合った都道府県をいくつ書けるかを競います。都道府県名を覚えることが苦手な子どもも，楽しく覚えることができます。

すすめ方

① ペアかグループ（3～4人）にホワイトボード1枚（紙でも可），ペン1本を用意する。

② 教師が条件を言う。制限時間内（例えば1分間など）に，子どもたちは条件に合った都道府県名を書く。例として，「『山』がつく都道府県（6個。山形・山梨・富山・和歌山・岡山・山口）」「2つの県と接している都道府県（5個。青森・香川・高知・山口・鹿児島）」「『あ』がつく都道府県（3個。青森・秋田・愛知）」など。

③ ペアまたはグループごとに，順番に書いたものを見せながら発表する。教師が司会をしながら，雰囲気を盛り上げる。

④ 何問か繰り返し，一番多く都道府県を見つけたペアかグループが優勝。ボーナス得点を入れると，さらに盛り上がる。

⑤ 難しい問題の時には，地図帳を見てOK。すると，子どもたちは張り切って調べようとする。

⑥ 友だちの発表を聞いて感動した時は，拍手を贈るようにする。

（中村栄）

13

長い言葉探し

ペア（グループ）で，制限時間内に「一番長い言葉」を見つけます。ペア（グループ）ごとに，書いたものを見せながら発表し，思考力や想像力を高め，言語感覚を養います。

すすめ方

① ペアかグループ（3～4人）にホワイトボード1枚（紙でも可），ペン1本を用意する。

② 教師が問題を出す。制限時間内（例えば1分間など）に，子どもたちは「一番長い言葉」を書く。問題例として，教室にあるもの，国の名前，職業，動物の名前など。ただし，「白いうさぎ」のように修飾語は入れない。

③ ペア（グループ）ごとに，順番に書いたものを見せながら発表する。

④ 教師が司会をしながら，クイズ番組のように盛り上げる。

⑤ 一番長い言葉を探したペア（グループ）が得点をゲット。ボーナス得点を入れると，さらに盛り上がる。（中村栄）

14

数消しゲーム（誕生日編）

算数の授業開きなどで，どの学年でもできます。列（縦か横）ごとに誕生日を言わせて，数字を数多く取った列が勝ちというゲームです。友だちの誕生日を知るよい機会となります。

すすめ方

① 0 ～ 9 のカード10枚を，黒板に並べて貼る。

② 机の並びの縦1列か横1列で6～8人のグループを作る。縦1列で人数が少ない場合は縦2列にする。

③ グループごとに，1人ずつ誕生日を発表する。

④ 数字を数多く取った列（グループ）が勝ち。

例）3人で行った場合。

Aさん 10月12日→ 0，1，2 で3点。

Bさん 4月17日→ 4，7 で2点（1 はAさんが取っているため）。

Cさん 6月24日→ 6 で1点（2 はAさんが，4 はBさんが取っているため）。

合計6点となる。

⑤ ゲームをしているうちに，友だちの誕生日を知ることができる。また，黒板に貼られた数字が取られるたびに「やったあ」「惜しい」等の声が聞こえ盛り上がる。（中村栄）

15

スーパー陣取り遊び

友だちとじゃんけんをして，勝てばマスに色が塗れる陣取り遊び。じゃんけんの種類によって，塗れるマスの数を変えました。じゃんけんという不確定要素に逆転システムを加えて，よりゲーム性を高めています。

すすめ方

① 教師は，2人に1枚，5×5のマス目の「陣取り遊びシート」を配る。

② 子どもたちは，ペアになって，赤・青を決める。

③ 教師の「最初はグー，じゃんけんポン！」の合図で，ペアは無言でじゃんけんをする。

④ 勝ったらシートのマスを塗ることができる。グーで勝ったら1マス，チョキで勝ったら2マス，パーで勝ったら3マス塗れる。1枚のシートを赤と青で塗り分ける。

⑤ 25マスが埋まった時点で，多くのマスを塗っていた方の勝ち。 （溝田）

16

ヒントを伝えて連想ゲーム

子どもたちが作ったヒントカードを使って都道府県を覚えます。グループ戦にして取り組むことで，学級みんなで楽しく社会科を勉強できます。

すすめ方

① 事前学習として子どもたちに，1人ずつ都道府県を選ばせる。そして，小さめの紙（A5程度）に選んだ都道府県に関するヒントを3つ書かせておく。

例）問題①「東京都」

→【スカイツリー】【国会議事堂】【浅草】

問題②「京都府」→【金閣寺】【清水寺】【八ツ橋】

問題③「愛知県」→【名古屋城】【熱田神宮】【みそかつ】

② 教師は，全員のヒントカードを集め，ブラックボックスに

入れる。

③　クラスを６～８つのグループに分ける。グループ戦を行う。

④　教師は，ヒントカードが入ったブラックボックスから１枚を選ぶ。ヒントは，１つずつ順に発表する。

⑤　答えがわかった子は挙手し，指名されてから答える。

⑥　グループの誰かが，１つ目で答えることができたら３点，２つ目は２点，３つ目は１点を加点する。

⑦　合計点数が多いグループの勝利。

⑧　歴史上の人物など「織田信長」→【本能寺の変】【楽市・楽座】【天下布武】でも行うことができる。　（鈴木）

17

教科書の中でバーチャルかくれんぼ

友だちと外で遊ぶ機会が減っている昨今。隣の席の子と「教科書内でバーチャルかくれんぼ」をしましょう。ヒントとして，隠れたページにある単語を少しずつ伝えて，相手の子は隠れているページを見つけます。ペアで遊んだ後は，グループや学級全体で遊ぶこともできます。社会や理科の重要単語の復習にもなります。

すすめ方

① 同じ教科の教科書を，1人1冊ずつ準備する。始めは隠れるページを先生が指定するとよい。例えば「5～25ページの間ね」など。

② 子どもたちは，隣の子に見られないように，自分の隠れるページにしおりや付箋などを挟む。挟んだ左右どちらのページかも決める。写真や絵だけのページはNG。

③ じゃんけんをして負けた子から，自分の隠れているページに載っている単語を一つ伝える。

④ じゃんけんで勝った子は，「○ページ！」とヒントからページを言い当てる。

⑤ 交互で言っていき，先に当てた方が勝ち。子どもたちは，教科書をよく読むようになる。単元終了後に行うと，復習にもなる。

（梶川）

第3章

コロナ禍仕様に
昭和のレトロネタを
アップデート！

誰もが知っている，どこか懐かしのネタ。

そんなネタが，with コロナ時代にマッチするようにリメイクされて，新たなネタに大変身!!

教師も子どもたちも大盛り上がり間違いなしのネタを紹介します！

1

無言だるまさんが転んだ

「だ～るまさんがこ～ろんだ！」を言わない『だるまさんが転んだ』です。いつオニが振り向くのかわからないので，スリル満点。声を出すのが恥ずかしい子も安心して参加できます。

すすめ方

① クラスの中でオニを１人決める。オニ以外の子どもたちは通常のだるまさんが転んだと同じように離れたところにあるスタート地点に立つ。

② 「はじめの一歩」の声で，オニ以外の子どもたちは大股で一歩進む。

③ オニの子どもは「だ～るまさんがこ～ろんだ！」と言わずに，突然後ろを振り向く。その時に動いていた子どもはアウトとなり，指定された場所（密にならないよう広めに設定）に移動する。

④ オニに気づかれずに近づいた子が，オニの背中をタッチしたらゲームは終了。

⑤ オニを交代して全員で次のゲームを始める。次のオニは，事前に決めておいたり，じゃんけんなどでそのつど決めたりする。

（廣瀬）

2

手作りテーブルクロス引き

新聞紙を使ったテーブルクロス引きです。新聞紙の上に，紙で作った筒や円錐状の紙を置きます。新聞紙の上にある物を落とさないように１人が思い切り新聞紙を引き抜きます。高確率で失敗するので，みんなの前で失敗してもいいんだという安心感と笑いが生まれます。

すすめ方

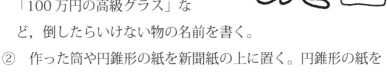

① 紙を筒や円錐形にする。「イチゴたっぷりのパフェ」や「100万円の高級グラス」など，倒したらいけない物の名前を書く。

② 作った筒や円錐形の紙を新聞紙の上に置く。円錐形の紙を置く時は，グラスなどに見立てて，逆さに置いてもよい。

③ ペアやグループの人の「せーの」の掛け声で，一気に新聞紙を引き抜く。

④ １つも倒れなかったら大成功。倒れてしまったら，倒れた物の名前を見て，取り返しのつかないことをしたなというくらい落ち込むリアクションをみんなでする。

⑤ 筒や円錐形の紙に「倒したらモノマネ」などを書いておくと，わくわくどきどき感が増して盛り上がる。 （廣瀬）

3

教科書グリコ

グリコじゃんけんで教科書のページをめくっていくゲームです。子どもたちが大きな声で話すことなくゲームを進めることができます。新学期の教科書を配る時などに行うと，ワクワク感が増して楽しいです。

すすめ方

① クラスの全員が同じ教科書を用意する。

② 教師は，教科書の何ページを開けたら勝ちかを子どもたちに伝える。

③ 全員が起立して，教師とグリコじゃんけんを行う。

④ 教師とあいこや負けは着席。勝ったら立ったまま決められたページを見開きでめくる。

「グーで勝った」……グ・リ・コ（3文字）
→3ページめくる

「チョキで勝った」…チ・ョ・コ・レ・ー・ト（6文字）
→6ページめくる

「パーで勝った」……パ・パ・イ・ヤ（4文字）
→4ページめくる

⑤ あいこや負けで座った子どもは起立して，③と④を繰り返し，始めに伝えたページに早く到達できた人が勝ち。（宮川）

4

しゃべっちゃダメよジェスチャーゲーム

お題をジェスチャーで伝える伝言ゲームです。最後の人までお題が正しく伝わることを目指します。もちろんしゃべらず行うので，コロナ禍でも安心です。

すすめ方

① 教室の縦列を１つのグループとし，グループ戦を行う。

② 各列の先頭の子どもたちにお題を書いた紙を見せる。
例）「キリン」「シマウマ」「ドッジボール」「野球」など。

③ 他の子どもたちには解答が見えないように，顔を伏せるように伝える。

④ 先頭の子どもたちは，後ろの子にジェスチャーのみ（サイレント）でお題を伝える。

⑤ 順々に思い思いのジェスチャーでお題を伝えていく。最後の子どもがホワイトボードに答えを書く。教師の「せーの」の掛け声で一斉に答えを見せる。

⑥ お題を当てたチームには，１ポイントを与える。

⑦ 体育館や運動場だと，大きな動きをすることができ，距離もとって行うことができる。

（鈴木）

5

サイレントたけのこニョッキ

たけのこポーズと同時に１ニョッキ，２ニョッキ……と言って目標の数を目指すゲームです。ただし，他の人とかぶって「○ニョッキ」と言ってはいけません。今回は，たけのこニョッキを声を出さずに行い，みんなで一体感を作ることを目指します。

すすめ方

① 教師は最初に目標の数を伝える。「たけのこ，たけのこニョッキッキ」と書いたフラッシュカードを子どもたちに提示する。それを合図にゲームスタート。

② フラッシュカードを用いて，１から順に数字を子どもたちに提示する。

③ 教師が数字を提示したあとに，子どもたちは，たけのこポーズで起立する。立った時，１人だけであれば○。複数人と

かぶって起立してしまったら×で，全員で最初からやり直し。みんなで残念ポーズをとる。

④　目標の数字まで到達できた場合と，最後の１人までかぶらずに起立できた場合，みんなで嬉しいポーズをする。

⑤　いきなりクラス全員は難しい。目標の数字を10人程度から始めるとよい。またグループになり，対抗戦にするのもよい。１人ずつ出て行い，アウトになったら次のメンバーと交代。メンバーが全員アウトになったら，ドボンポーズをするとよい。

（鈴木）

6

日常を以心伝心で

日常の「プリント配付」に，少しの工夫を加えて楽しむゲームです。「班長さん，プリントを取りに来てください」等の，日常の一コマに「声を出さない」ゲーム要素を加えることで，協力する必要性が生まれます。班の仲間意識を高めることができます。

すすめ方

① プリントを配る時，教師は「今からお題を言うけど，声を出すのはダメだよ。ジェスチャーとかは使ってもいいよ」と子どもたちに伝える。

② 教師は「班の中で，誕生日が２番目に早い人はプリントを取りに来てください」と子どもたちにお題を出す。

③ 子どもたちは声を出さずに，ジェスチャーなどで自分の誕生日を伝え合う。

④ プリントを配った後，教師は「４月生まれの人？　５月生まれの人？」と子どもに挙手させ，全体で答え合わせをする。

⑤ 正解した班には，拍手を贈り合う。教師は，正解した班に近づき「協力できるいい班だね」とつぶやく。　（難波）

7

音を探そう

コロナ禍では「静かにしましょう」等の言葉が多くなってしまいがちです。しかし「音を探す」という目的のゲームに取り組むことで，しゃべらないからこそ，聞こえる音に耳を傾けることができます。そして，新たな気づきが生まれます。

すすめ方

①　教師は「今から１分間，できるだけ多くの『音』を探してください。鳥の鳴き声や他のクラスの話し声。耳を澄ませば様々な音が聞こえるよ。何個，探せるかな？」と伝える。

②　１分間，子どもたちは黙る。教室に静かな雰囲気が生まれる。

③　１分後，教師は「どんな音が聞こえましたか？」と聞く。

④　子どもたちは，どんな音が聞こえたのかを発表する。

⑤　教室だけではなく，「自然の中」や「特別教室」で同じゲームをすると「教室とは聞こえる音が違う！」と新しい気づきが，さらに生まれる。

（難波）

8

教室でトレジャーハンティング！

教室に隠されたお宝を仲間の拍手を手掛かりに探し出すゲームです。全員で拍手を大きくしたり，小さくしたりすることで，声を出さなくても学級に一体感が生まれます。

すすめ方

① ダイヤモンドなどの宝の名前と1～5の点数が書かれたカードを5枚用意する。

② トレジャーハンターを3人募集して，教室の前に出てきてもらい，黒板の方を向いて立ってもらう。

③ 教師は，トレジャーハンター以外の子どもたちにも点数が見えないように5枚のカードを教室のどこかに隠す。

④ トレジャーハンター1人が振り向き，1分間自由にお宝を探し回る。時間内なら何個お宝を手にしてもよい。

⑤ トレジャーハンター以外の子たちは，トレジャーハンターが宝の近くに近づいたら大きな拍手をし，遠くなったら拍手を小さくする。

⑥ お宝を見つけ出したら，カードに書いてある点数をゲットできる。見つけられなかったら0点。カードを戻し，2人目スタート。3人行って，合計得点が一番高かった人が勝ち。

（川上）

9

サイレント全力じゃんけん

勝ったら，大きな声で喜びたい。負けたら，泣いて悲しがりたい。その感情を無言で，身体全体を使って表現しているお互いの姿を見て，教室に笑顔があふれます。

すすめ方

① 教師が，「サイレント全力じゃんけん始めます」と言って，こぶしを上げる。

② 教師が，こぶしを下げる時が（じゃんけん）の合図，一呼吸おいて（ポン）グー・チョキ・パーを出す。

③ 子どもたちは，教師に勝ったら，喜びを身体全体で表現する。負けたら，悲しみを身体全体で表現する。無言，かつ，全力でする。

④ 表現が上手な子どもを具体的にほめる。

例）「裕子さんは，派手なガッツポーズで感情があふれ出しているね。」

「洋平くんは，頭を抱えて悔しがっていて，気持ちがとても伝わるよ。」など。

⑤ 何度か続けると，全力で表現する子どもが増えてくる。お互いの姿を見て，クラスみんなが笑顔になる。（蔦）

10

誰の声？

マスクで口元が見えない状況を生かしたゲームです。「声だけ」を手掛かりに，誰が発した声なのかを予測し，楽しみます。情報が声しかないので，ゲームを通して「声」を注意深く聴こうとする意識が高まります。

すすめ方

① 5人1組のグループを作らせる。

② 教師が出題者グループを指名する。

③ 出題者グループに選ばれた5人は教室の前に出る。そして，5人のうち誰か1人が声を出す。裏声を出す，低い声を出す等，工夫する子が現れると，より盛り上がる。

④ その他の解答者グループの子は，誰の声なのか注意深く聴く。その際，机に顔を伏せて，声だけに集中するよう伝える。

⑤ 教師は「Aさんの声だったと思う人？　Bさんの声だったと思う人？　……」と順に聞く。聞いていた子どもは，1人1回，手を挙げる。

⑥ 正解した人が多ければ，解答者グループの勝ち。不正解の人が多ければ，出題者グループの勝ち。（難波）

11

タイマー筆談しりとり

発話ではなく，互いに文字を書いて言葉を伝え合う「筆談」を活用します。筆談でしりとりをするだけでは，後半に飽きが生まれます。そこで，筆談しりとりに「時間制限」のゲーム的要素を加え，ワクワクしながら，無言で楽しむことができます。

すすめ方

① 教師は，紙とタイマーを用意する。

② 教師は「隣の人とじゃんけんをしてください。勝った人が最初の文字を書きましょう」と子どもたちに伝える。

③ 教師の「よーい，はじめ！」の合図で，無言の「筆談しりとり」を始める。紙に言葉を書いたら，相手に渡す。

④ 教師はタイマーで１分の時間設定をし，１分経ったら子どもたちに「ストップ」と言う。その時に鉛筆を持っていた子どもが負け。時間を子どもには見えないように隠すと，さらに盛り上がる。

（難波）

12

だるまさんが持ちました

教師が選んだカードと同じ物を選んだ子はアウトというゲームです。マスクを着用したままでもできるので，コロナ禍の今でも楽しくできます。

すすめ方

① 子どもは「鉛筆」「消しゴム」「教科書」「ノート」を１つずつ用意する。

② 教師は，「鉛筆」「消しゴム」「教科書」「ノート」と書かれたカードを１枚ずつ用意する。

③ 全員起立する。

④ 教師は「だ～るまさんが持ちました」と言う。その掛け声で子どもは文房具を，教師はカードを１つ選ぶ。

⑤ 「せ～の」の掛け声で，子どもたちは選んだ物を掲げて教師に見せる。教師は選んだカードを子どもたちに見せる。

⑥ 教師が選んだカードと違うものを選んでいた子はセーフ。同じものを選んでいたらアウト。アウトの子は座らせる。４回繰り返して，最後まで生き残っていた子が勝ち。 （宮川）

13

文字数ピッタリしりとり

教師が指定した文字数ピッタリに，しりとりができた人が勝ちというゲームです。個人で考えます。

すすめ方

① 教師が文字数を指定する。例）5文字。

② 子どもたちは指定された文字数の数だけ○を紙に書く。例）○○○○○

③ しりとりをしながら文字数ピッタリになるように，丸の中に言葉を入れていく。例）ⓡⓝⓖⓡⓡ（りんご→ゴリラ）

④ 小さい「ゃ」「ゅ」「ょ」「っ」や「ー」も1文字に数える。例）(ら)(っ)(ぱ)(ん)(だ)（ラッパ→パンダ）

⑤ 文字数がピッタリになったらゲームクリア。何度かやり，10名程度クリアしたら終わりにする。教師は，きちんとできているか紙を見て確認する。完成したしりとりは，全体で発表させる。

⑥ 速く終わった子どもには，さらに探してみるよう指示を出すとよい。また，文字数を増やすと難易度が上がる。
例）20文字。「りんごりらっぱんだちょうまんとまとけいす」（りんご→ゴリラ→ラッパ→パンダ→だちょう→うま→マント→トマト→とけい→いす，とつなげて20文字）。

（本田）

14

禁止ワードしりとり

普通のしりとりのルールに，「禁止ワード」というルールを追加します。それぞれ相手が言ってはいけない「禁止ワード」を決めて紙に書いておきます。相手に「禁止ワード」を言わせた方が勝ちです。

すすめ方

① 「禁止ワード」を書くための紙を１人１枚用意する。

② 相手が言ってはいけない禁止ワードを１つ考えて紙に書く。例えば，「りんご」など。

③ ペアを作る。じゃんけんで先攻・後攻を決め，しりとりを始める。

④ 相手に禁止ワードを言わせるために言葉の終わりを工夫したり（例えば，「り」で終わる言葉ばかりを言う），相手の禁止ワードが何かを推理したりしながら，しりとりを進めていく。

⑤ 相手が禁止ワードを言ったら，「禁止ワード！」と言って相手に知らせる。

⑥ 禁止ワードを言わせた子が勝ち。

⑦ 学年に応じて，禁止ワードの数を２つや３つにすると，ドキドキ感が増す。

（本田）

15

まっくら集中ゲーム

子どもたちが教師の合図に従って同じ方向を向きます。目を閉じた状態で，合図に合わせて身体を動かすことで，集中力やバランス感覚を養うことができます。

すすめ方

① 全員起立する。

② 教師が「パン！」と1回手をたたくと，子どもたちは身体ごと90度右に向く。「パンパン！」と2回たたくと，さっき動いた向きから90度左に向く。実際にゲームをしながら子どもたちにルール説明をし，目を閉じて練習させる。

③ はじめはゆっくりと合図を送り，慣れてきたらスピードアップする。低学年や難しそうな子がいたら目を開けてチャレンジさせてもOK。さらにレベルアップバージョンとして，「パンパンパン！」と3回手をたたくと真後ろに向く，といったルールも追加するといい。

④ ゲームの途中で，子どもたちに一度目を開けさせ，子どもたちが同じ方向を向いているか確認する。違う方向を向いている子がいてもあたたかい雰囲気で楽しめるように，教師は「惜しかったね！」などと励ましの声を掛ける。「Turn right」や「Turn left」など，外国語でもできる。（大西）

コラム　ゲームにプラス１をして，成長への「魔法のネタ」に!!

子どもたちは，ゲームが大好きです。授業中退屈そうにしている子も，「ゲームをするよ」の一言で，「何やるの？」と一気にやる気になります。ゲームには，魔法の力があります。

ゲームの持っている力を，活かさないのはもったいないです。ゲームに「プラス１」をすることで，効果的に子どもたち同士をつなげたり，学習規律を指導したりすることもできます。

先日，学級開きを参観することがありました。担任の先生は，子どもたちを楽しませようとゲームをされました。ただ，ゲームを行うことが目的になっていました。誰と誰が一緒にやっているかとか，先生の指示を守ることの徹底などには，意識が向いていません。その結果，先生が子どもたちを楽しませようと思い行ったゲームも，どこか悪い雰囲気になっていました。

「ゲーム」なので，子どもたちと一緒に「楽しい」時間を送ることは大事です。しかし，そこに「子どもたちをつなげる」「ルールを守ることの大切さを感じさせる」などの目的を「プラス１」することで，「ゲーム」を使って子どもたちを成長させることができます。

ぜひ，本書のネタにも「プラス１」をして，子どもたちの「楽しい」だけではなく，その後の成長にもつながっていく「魔法のネタ」にアップデートしてください。　（友田）

第4章

コロナ禍だからこそ生まれた！
子どもたちをつなげる
ゲーム・ネタ

「コロナ禍だからできない」は，もうやめましょう。

見方を変えると，「コロナ禍」だからこそ，生まれたこともあります。

この章では,「コロナ禍」という状況を逆手にとった「子どもたちをつなげるゲーム・ネタ」をご紹介します。

1

目でしゃべれ！　ビックリ選手権

言葉を使わずに何に驚いているのかを伝えるゲームです。「目は口ほどに物を言う」ということわざがあるように，今ますます目で伝えることの重要性が高まっています。言葉を使わずに，動きから相手の考えを汲み取る練習として効果ありです。

すすめ方

① 子どもたち全員が,「人生で一番驚いたシーン」を思い浮かべる。思い浮かべる内容は，最大のピンチや今までで一度も見たことがなくて仰天したことなど。

② 黒板の前で再現したい子は挙手し，教師が指名する。

③ 教師に指名された子は，黒板の前まで出てきて，声を出さずに「人生で一番驚いたシーン」を再現する。マスクをつけているので，ポーズやリアクション，目の表現が大切になる。

④ 前で再現した子が「どの場面の驚きでしょう？」と問いかけ，３つの選択肢，例えば「１番・テストで０点だった時，２番・遠足の弁当に箸が入ってなかった時，３番・朝起きたら服を脱いでいた時」を言う。

⑤ 見ている子たちは，３つの選択肢のいずれになるか，ホワイトボードに解答を書く。

⑥ 再現した子は正解を発表する。正解者にはクラスみんなで拍手を贈る。

（三宅）

2

約束のレターランド

コロナ禍で，なかなかクラス以外の友だちと知り合う機会が持てていません。そんな中，手紙を通じて運命的な出会いを演出します。学年で取り組むことで，一期一会が生まれるかもしれません。

すすめ方

① 教師は，手紙の趣旨を伝える。「普段，なかなか接することができない他クラスの人と，友だちになれたら素敵なことだよね！」など。

② 子どもたちは，手紙に自分の「組」「名前」「好きな食べ物」「好きな遊び」「一言メッセージ」の５点を書く。

③ 手紙の余白や裏に自分の好きなイラストやメッセージを書いても可。

④ 書けたら持って来させ，教師は誤字脱字をチェックし，回収する。

⑤ 次の日，教師はクラスの子どもたちに，他クラスの手紙を配付する。

⑥ 教師は，クラスの子どもたちに返事の手紙を書かせる。

⑦ 返事の手紙を回収後，可能ならば子どもたちが密を避けて，手渡しできる機会を学年で設ける。１年生なら，そこが初顔合わせになることも。偶然の出会いを楽しむ瞬間に！（溝田）

3

スローGAN！

クラスで一致団結を図りたい時に，大きな声を出すことだけが手段ではありません。例えば，クラスでスローガン（合言葉）を掲げ，それに合わせたオリジナルジェスチャーさえあれば十分です。声を出さなくても，いつでもどこでもクラスの心はつながることができるのです。

すすめ方

① 教師は「みんなの心がつながり，気持ちが高まるようなクラスのスローGAN（合言葉）を考えよう！」と投げかける。

② 子どもたちは，配られた紙に①の趣旨に則った合言葉を書く。

③ 全員が書けたところで教師はその紙を回収する。順不同に読み上げ，子どもの考えた合言葉を板書していく。

④ 意見が全て板書されたところで多数決をする。子どもたちが顔を机に伏せた状態でするとよい。

⑤ 教師は，どの合言葉が１位になったか発表する。

⑥ １位に決まった合言葉を「声を出さずに表す」なら，どんなジェスチャーがふさわしいか，グループで考えさせる。

⑦ ３分後，グループごとに前に出て，ジェスチャーを披露。

⑧ 多数決をして，１位を決定する。（溝田）

4

行ったつもりツアー

コロナ禍で，学校探検や校区探検が行えなくなっています。みんなで行くことができなければ，発表形式を一工夫して，「行ったつもり」で楽しみましょう。

すすめ方

① 子どもたちは，生活科や社会科で学習した場所について，グループごとに発表形式でまとめる。

② 教師は，バスガイド風の帽子・マイク・小旗を用意する。また，行き先や行程（発表順）のしおりを準備したり，席をバスの座席配列のように工夫したりして，子どもたちの気分を盛り上げる。

③ 発表する子どもたちは，バスガイド姿で登場する。教室のテレビなどに写真を映して，その場所の情報をバスガイド風に案内する。例）「本日は，アイビー観光をご利用いただき，誠にありがとうございます。……皆様の右手に見えておりますのは，校長室でございます。校長室は，校長先生が……。」

④ 聞いている子どもたちは，しおりに情報をメモする。

⑤ 「校長室」を案内した後，校長先生にインタビューした動画を流すなどの工夫をすると，さらに「行ったつもり」になる。（蔦）

5

バースデーシールで特別な日に

誕生日は，子どもたちにとって特別な一日です。誕生日シールをつけた子を学級全体でお祝いして，温かい雰囲気で包みましょう。

すすめ方

① 教師は，誕生日シールを作成する。作り方は，次の通り。

⑴ 「MY HAPPY BIRTHDAY」という文字に，可愛いイラストを添えたシールのデザインを作り，スキャンをする。

⑵ 手のひらサイズにしたデザインを羅列し，100円均一で買った「フリーカット光沢シール用紙」に印刷する。

⑶ カットをしたら完成。裏面のシートを剝(は)がして使用する。

①デザインを考えて…
MY
Happy Birthday
②シール用紙にプリント
お!
ペタ
③お誕生日の子どもに貼る

② 誕生日の子は，誕生日シールを胸につける。

③ 誕生日シールを貼っている友だちをお祝いするには，どのようなことができるか，子どもたちと話し合い，決める。例えば，「すれ違う時に『誕生日おめでとう！』や『ハッピーバースデー！』と言う」「折り紙やイラストをプレゼントする」など。

④ 誕生日シールを貼っている子を，学級全員でお祝いする。

⑤ ふり返りの時間を設ける。お祝いをされてどう思ったか，してどう思ったか，他にもどんなことができそうか，など。

（白垣）

6

秘密のミッションにチャレンジしていたのは誰？

誰がミッションのチャレンジャーでしょうか？　学級の仲間をよく観察していれば，わかるはずです。話せなくても，距離を保ちながらでも，子どもたちをつなげましょう。

すすめ方

① 教師は，ミッションカードを用意する。

② 教師は，用意したカードにミッションを書く。例えば，「学級の本棚を整理する」「3時間目に1回両手で挙手をする」など。

③ 教師は，子どもたちが登校するまでに，チャレンジャーの机の中にミッションカードを入れておく（1日1人）。

④ 教師は帰りの会で，どんなミッションが出ていたのかを紹介する。そして，ミッションにチャレンジしていたのは誰か，みんなで当てる。

⑤ 教師が「今日のチャレンジャーは？」と言う。それに合わせて子どもたちは，チャレンジャーだと思う子を指さす。

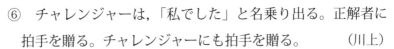

⑥ チャレンジャーは，「私でした」と名乗り出る。正解者に拍手を贈る。チャレンジャーにも拍手を贈る。　（川上）

7

縄の技コンビネーション「みんなが先生」

体育の授業や休み時間の遊びで大活躍する短縄跳び。先生役の子どもが次々変わっていきながら，リズムに合わせて短縄跳びをします。短縄跳びの技のコンビネーションを友だちと競い合いながら一緒に楽しむ真似っこバトルゲームです。

すすめ方

① 4人グループを作る。グループで輪になる。

② グループの中で，最初の先生役になる子どもを決める。

③ 先生役の子は，4つの短縄跳びの技のコンビネーションを繰り出す。

例）「前跳び・交差跳び・あやとび・二重跳び」

「前跳び・駆け足跳び・あやとび・アームラップ」など。

④ 先生役以外の子は，それを真似する。

⑤ 時計回りに先生役を変えていく。

⑥ 始めは教師の真似をする形で全体練習してから行うとよい。

⑦ グループ練習に慣れてきたら，グループごとの発表会をしたり，上手な子の技のコンビネーションをクラス全体で真似したりしても面白い。「溝田スペシャル」等，オリジナルネーミングの技のコンビネーションが誕生する。（溝田）

8

グループ対抗同じ幅でリンゴの皮むき！

リンゴの皮むきのように１本に連なるように紙を切り，同じ幅で一定に切れているかを競います。集中力を高めて，仲間との協力を実感することができます。

すすめ方

① 教師は，1 辺 12㎝の正方形の紙を用意する（折り紙でも可）。

② 紙は，1 人 1 枚使う。グループ（4 名程度）の合計の長さで，勝敗を競う。そのため，グループでの協力が必要になる。

③ 子どもたちは，スタート地点に，紙の端から 1㎝の幅で，えんぴつで印を付ける（下図の点線）。

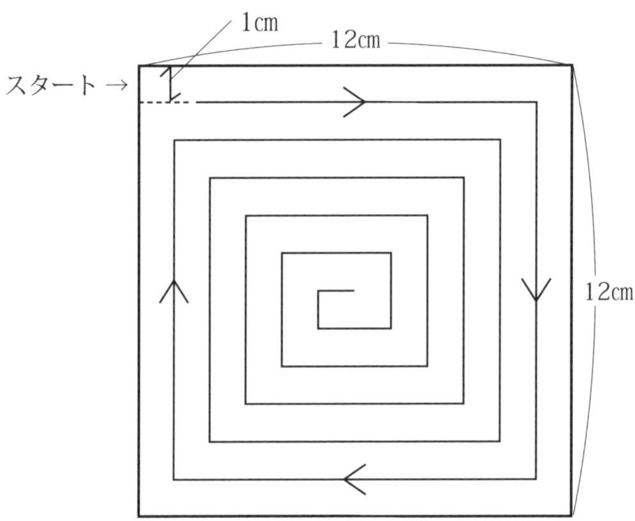

④　スタート地点から，1cmの幅を保ちながらハサミで渦巻き状に切り進めていく（前ページの図の実線部分）。リンゴの皮むき同様，途中で切らないようにする。途中で切れた場合は，そこで終わり。

⑤　子どもたちは，定規で一辺ずつ長さを測る。

⑥　グループの代表に結果を伝え，グループの合計の長さを出す。

⑦　グループの代表は，教師に結果を報告する。

⑧　1cmの幅で切った時，全長の長さが166cm×<グループの人数>に，より近いグループが勝利。（吉田拓）

9

紙テープでサイレント仲間探し

手首に巻いた紙テープの色をもとに，声を出さずに仲間探しをします。教師の指示に応じて，同じ色の人で集まったり，すべて違う色の人で集まったりして，集まる速さを競います。

すすめ方

① 教師は，5 種類の色の紙テープを用意する。1 人に 1 本。長さは 15㎝程度。

② 子どもたちは，好きな色を選ぶ。手首に選んだ紙テープを輪にして付けて，テープでとめる。

③ 教師は，「声を出さずに，同じ色の人たちで集まりましょう」と指令を出す。

④ 手首に巻いた紙テープの色を目印に，指令通り速く集まったグループが勝ち。

⑤ また，「声を出さずに，違う色○人で集まりましょう」と指令を出す。

⑥ 違う色で集まる場合，集まれない子どもが出てくることがある。子どもの実態に応じて，余らない人数にしたり，教師が入ったりして，指令を出す子どもの人数を工夫するとよい。

（本田）

10

その距離本当にソーシャルディスタンス?

ソーシャルディスタンスをとることが当たり前になりました。しかし，本当にソーシャルディスタンスをとれているでしょうか?　このネタで距離感覚を鍛えましょう!

すすめ方

① 教師は，メジャーを用意する。

② 子どもたちは４人グループを作る。ソーシャルディスタンスをとる２名と，計測係（ソーシャルディスタンスがとれているか確認する）の２名に分かれる。

③ 教師が「今からとってもらうソーシャルディスタンスは3mです」と指示する。

④ ソーシャルディスタンスをとる２名は，背中合わせに立ち，それぞれ前方に歩き出す。３mのソーシャルディスタンスをとれたと思った場所まで進んだら，振り向く。

⑤ 計測係が，２人のつま先からつま先までの長さを測る。

⑥ 計測係の子が，計測結果を発表する。

⑦ 一番3mに近かったグループが，優勝。　（川上）

11

かくれている友だちを探せ!!

GIGAスクール構想が進み，1人1台タブレット端末が整備されています。タブレット端末で撮影した写真の中から，かくれている友だちを探します。見つけるためには，友だちをよく観察する必要があります。

すすめ方

① 子どもたちは，4人組を作る。グループで話し合い，2名は撮影係，2名はかくれる係に役割分担をする。

② グループで撮影場所を話し合う。例えば，運動場，誰もいない教室など。他学年の中に紛れている場合の方が，見つけにくい。

③ タブレット端末を使い，グループで撮影に行く（タブレット端末にカメラ機能がない場合は，学級のカメラなどで代用可能）。

④ 教師は，子どもたちが撮影してきた写真を教室で映し出す準備をする。電子黒板や大型テレビなどを使う。

⑤ 出題者グループの子たちは，教室の前に出る。そして，「○○さんと☆☆くんは，どこにかくれているでしょう？」と言う。それに合わせて教師は写真を映し出す。

⑥ どこにかくれているか，わかった子は挙手する。指名されたら答える。正解していたら拍手を贈る。　（友田）

12

心を合わせて背中合わせ音読

2人が背中合わせで音読します。コロナ禍において，対面での音読は行いにくい実態があります。その状態を逆手にとったネタです。楽しみながら音読の力を高め，さらに子どもたち同士をつなげていくこともできます。

すすめ方

① 教師は，音読する範囲（教科書1ページ程度）を指定する。

② 各班の代表2名が起立する。代表2名は，背中合わせで立つ。

③ 子どもたちは，背中合わせの状態で音読を始める工夫を考える。例えば，片方の子が小さな声で「せ〜の」と言うなど。

④ 1班の代表が，読み終えたら2班の代表の子と続いていく。

⑤ 8班の代表まで読み終えた後，教師は「一番心が合っていた班に手を挙げてください。1班だと思う人？」と8班まで順番に聞いていく。

⑥ 一番多くの子が手を挙げた班に，拍手を贈る。

⑦ 教師は，一番になった班に「どうして心が合っていたの？」と尋ねる。すると，「○○くん（片方の子）のペースに合わせた」「息継ぎする時の肩の揺れを感じた」などの工夫が，出てくる。その工夫が「思いやり」であることを価値付ける。（友田）

13

目標！　大声選手権!!

学期の初めや行事に臨む前などに，自分で決めた目標を運動場の向こう側から大声で叫びます。コロナ禍で大きな声を出せない場面も多いのですが，距離をしっかりとり，マスクも取って大声を出すことで，ストレスを発散できます。また，目標に対する意識づけにもつながります。

すすめ方

① 「○学期の目標」「運動会でがんばりたいこと」など，個人の目標を具体的に決める。紙などに書かせるとよい。

② 発表希望者は運動場の向こう側に１人で行く。他の子はこちらで整列して待つ。20 m以上（距離は教師が設定する）離れたところで準備をする。

③ 発表する子は，マスクを取って大きな声で目標を叫ぶ。

④ 発表が終わったら，マスクを付けて戻ってきて，次に発表する子と交代する。

⑤ どの子の声が大きかったか？　気持ちがこもっていたか？　などについて教室に帰ってからふり返る。デシベル計などがあれば，声の大きさを測っても面白い。

⑥ 他のクラスの授業の邪魔にならないように注意する。

（梶川）

14

花の名は？

校庭に咲く可憐な花たち。日常見かける風景ですが，その花の名を知っていますか？　どこにどんな花が咲いているのか知っているようで知らないことにスポットを当て，子どもたちの知的好奇心を刺激します。

すすめ方

① 校庭や中庭などに咲いている花の写真を撮っておく。できれば，小さな野草のような花がよい。

② プロジェクターやディスプレイなどで拡大して提示する。「この花がどこで咲いているか知っていますか」「なんという花か知っていますか」と発問する。

③ 「明日の朝までに見つけられるかチャレンジしてください」「花の名前がわかったら先生に教えてください」と伝える。

④ 木に咲く花でもよいし，草の花でもよい。とにかく身近にある草木について，注目させるようにする。

⑤ 次の日に花の名前や咲いている場所を発表させたり，花言葉に触れたりして，知的好奇心を刺激する。

⑥ 無料アプリ「ハナノナ」（千葉工業大学ステアラボ開発）を活用すると，花の名前を簡単に調べることができる。子どもたちが家や地域でも咲いている花に興味をもつことができる。

（梶川）

15

おうちでクッキング

コロナ禍で，学校での調理実習はやりにくい状況です。家庭科の実習を家庭で行いましょう。学校のタブレット端末を家庭に持ち帰り，写真や動画で撮影。自宅でクッキング開始です！

すすめ方

① 家庭科の授業で，調理実習について座学で確認をする。ご飯や味噌汁，朝食などその学年に合わせた課題でＯＫ。

② 手順を確認した後，自宅で「○分間クッキング」に挑戦する子を募る。家庭の協力も必要なため，教師が保護者の許可を取る。

③ 家庭で調理をしている様子を，写真もしくは動画で撮影をする。

④ 教師は，動画の場合，確認をしておいて再生する時に早送りをしたり飛ばしたりして，３分くらいで紹介できるようにする。

⑤ 調理をしてみてのポイントや工夫など，気が付いたことを発表させたり，観ている子からの気づきなどを学級で共有したりすることで学びを深めていく。

⑥ 家庭の許可を確認してから，画像や動画を見せるようにすることが必要。

（梶川）

16

ロングしっぽひらひらおにごっこ

物理的な距離をとっての活動が，コロナ禍では必要となります。体育の時間のおにごっこも，２ｍ離れてやってみましょう。走ることでしっぽがひらひらと踊るかのように舞います。そのしっぽを取り合う単純ながらもディスタンスに配慮したおにごっこです。

すすめ方

① 人数分のスズランテープ（ビニールひも）を用意する。長さは２ｍ 20㎝程度。

② 体操服のズボンに 20㎝くらいテープを入れる。引っ張ってすぐに抜けるように軽く挟む程度にする。

③ タッチする替わりにテープを取る。テープを取られたら，アウトとする。

④ 取ったテープはその場で相手に返す。優しい言葉がけをしながら返すことで，子どもたちの心も育つ。

⑤ いろいろなおにごっこ（けいどろ，色おに，川おになど）に対応可能。おにごっこのバリエーションが広がる。

⑥ 距離をとることでけがを防いだり，接触しないので高学年でも男女にかかわらず，おにごっこを気軽に楽しんだりすることができる。

（梶川）

おわりに

コロナがもたらしたエポック。これから一体どんな世の中が私たちを待っているのでしょうか。

子どもたちは次代を担う花の種子です。その種子を芽吹かせ，大きな花が咲くよう，まるで庭師のような仕事を私たちは日々行なっています。種子が芽吹き育っていくのに様々な条件があるように，子どもたちが大きく育っていくのにも様々な条件があることでしょう。

ひるがえって，今学校現場では人間が社会で生活していく上でとても不自然なことを求められています。他人と距離をとりなさい，他人との会話を極力控えなさい，マスクを常時つけなさい，など。この状況下で，私たちは子どもたちのすこやかな成長に必要な条件がすっぽりと抜け落ちてしまっている気がしてなりません。しかし，そんなことをいっても時代のうねりに抗うことはできるはずもありません。

本書はそういった危機感を抱いているたくさんの先生方といっしょに，こんな時代の中でも子どもたちが笑顔に，そして，元気に育っていくための一助として何かできることはないかとお互いに知恵を絞り出してつくったものです。

There is always light behind the clouds.
いつか必ず日常が戻ってくることを信じて。

小野　領一
友田　　真

● 監修者紹介

中村健一

1970年山口県生まれ。現在，山口県岩国市立川下小学校勤務。お笑い教師同盟などに所属。日本一のお笑い教師として全国的に活躍。

主な著書に，『子どもも先生も思いっきり笑える73のネタ大放出！』『教室に笑顔があふれる中村健一の安心感のある学級づくり』『新装版 つまらない普通の授業に子どもを無理矢理乗せてしまう方法』『新装版 クラスを「つなげる」ミニゲーム集55＋α』『つまらない普通の授業をおもしろくする！　小ワザ&ミニゲーム集BEST57＋α』『ゲームはやっぱり定番が面白い！　ジャンケンもう一工夫BEST55＋α』（以上，黎明書房），『中村健一　エピソードで語る教師力の極意』『策略　ブラック学級づくり―子どもの心を奪う！　クラス担任術―』（以上，明治図書出版）がある。その他，著書多数。

● 執筆協力者一覧　（五十音順）

大 西 志 帆	徳島県	吉野川市立牛島小学校
梶 川 高 彦	愛知県	公立小学校
川 上 大 輝	長崎県	対馬市立厳原中学校
嶋 田 敏 子	愛知県	尾張旭市立本地原小学校
白 垣 雄 祐	福岡県	公立小学校
鈴 木 寛 規	愛知県	名古屋市立植田東小学校
蔦　 洋 平	広島県	呉市立呉中央小学校
中村栄八郎	熊本県	熊本市立大江小学校
難 波　 駿	北海道	公立小学校
日 野 敦 史	愛知県	公立小学校
廣 瀬 裕 介	大阪府	大阪市立関目東小学校
本 田　 愛	熊本県	熊本市立力合西小学校
松 浦 博 孝	大阪府	四條畷市立田原小学校
松 森 靖 行	大阪府	寝屋川市立田井小学校
溝 田　 聡	大阪府	公立小学校
宮 川 幸 輔	京都府	公立小学校
三 宅 直 也	奈良県	葛城市新庄小学校
吉 田 賢 二	滋賀県	栗東市立治田東小学校
吉 田 拓 海	京都府	洛南高等学校

※所属は刊行時のものです。

● 編著者紹介

小野領一

1984年奈良県生まれ。現在，奈良県公立小学校勤務。教育サークル『かれ笑らいす』代表。

著書に，『学級崩壊崖っぷちでも乗り切れる！頑張らないクラスづくりのコツ』（明治図書）がある。共著に『THE 学級開きネタ集』『気になる子を伸ばす指導 小学校編』（以上，明治図書）など。その他，教育雑誌に執筆多数。

「学級経営が困難な学級での学級マネージメントについて」と「力量のある教員の指導方法に共通項はあるのか？」といったことについて研究を行っている。ストレス発散方法は，コカ・コーラ ゼロを一気飲みすること。

友田　真

1984年広島県生まれ。現在，広島県公立小学校勤務。徹底反復研究会などに所属。

著書に，『授業や学級づくりを「ゲーム化」して子どもを上手に乗せてしまう方法』『子どもたちの心・行動が「揃う」学級づくり』（以上，黎明書房）『授業でクラスをつくる教師の見方 子どもと子どもをつなぎ，どう学ばせる？「学び方」「安心」「つながり」がその極意』（明治図書）など。共著に，『学級担任に絶対必要な「フォロー」の技術』（黎明書房）など。また，教育雑誌に執筆多数。

「子どもたちのやる気に火をつけ，可能性を伸ばす」ことを教育哲学に，実践にあたっている。

＊イラスト・山口まく

With コロナ時代（じだい）のクラスを「つなげる」ネタ 73

2021年8月10日　初版発行

監修者	中村健一（なかむら けんいち）
編著者	小野領一（おの りょういち）
	友田　真（ともた まこと）
発行者	武馬久仁裕
印　刷	株式会社 太洋社
製　本	株式会社 太洋社

発行所　株式会社 黎明書房（れいめいしょぼう）

〒460-0002　名古屋市中区丸の内 3-6-27　EBS ビル　☎ 052-962-3045

FAX 052-951-9065　振替・00880-1-59001

〒101-0047　東京連絡所・千代田区内神田 1-4-9　松苗ビル 4 階

☎ 03-3268-3470

落丁本・乱丁本はお取替します。　ISBN978-4-654-02357-8